08 초등학교 선생님
일과 사람

얘들아, 학교 가자!

강승숙 쓰고 신민재 그림

사계절

내일은 새 학기 첫날이야.
해마다 이맘때가 되면 마음이 설레어.
어떤 아이들을 만나게 될지 무척 궁금해.
칠 년째 학생들을 맞이하는데도 여전히 떨리네.
올해는 이 학년을 맡았어.
지금은 아이들 맞을 준비를 하고 있어.

새 교실에서 새로운 한 해를 시작하는 거라 준비할 게 많아.
쓸고, 닦고, 꾸미고, 정리하느라 바쁘지.
교실 꾸밀 때, 내가 가장 중요하게 생각하는 게 있어.
바로 그림책이 가득 꽂힌 책꽂이야.
나는 교실을 작은 도서관처럼 만들고 싶어. 아이들이 낯선 교실에
들어왔을 때, 좋은 그림과 따뜻한 이야기를 먼저 만났으면 좋겠거든.
애고고, 정리 다했다!

드디어 오늘, 새 학년 첫날이야.
다른 날보다 일찍 교실에 왔어. 창문 열어서 새 공기도 들이고,
온풍기도 켰어. 차도 끓이고, 재미난 노래도 틀어야지!
아, 복도에서 발자국 소리가 들려.
"어서 와, 얘들아! 춥지?"
아이들이 조용조용 들어와서는 자리에 가만히 앉아 있네.
수줍은가 봐. 흘끔흘끔 나를 보면서 무슨 생각을 할까?
내가 어떤 선생님인지 살펴보고 있는지도 몰라.

이제 소개하는 시간이야!
'첫날을 어떻게 보낼까? 인사는 어떻게 하는 게 좋을까?'
어젯밤에 곰곰 생각했어. 내가 준비한 인사는
좋아하는 것 세 가지 말하기!
"나는 그림책 읽기랑 고양이를 좋아해.
매운 떡볶이를 잘 먹어."
자, 내 소개가 끝났으니까 아이들 차례.

아이들이 일어나 인사하고 있는데,
앗, 재민아! 도대체 왜 그러니?
재민이가 자기소개를 하지 않겠대.
어떡하지? 혼내야 하나, 참아야 하나? 꾸짖고 벌을 줄까?
아니야, 내가 화를 내면 다른 아이들까지 움츠러들 거야.
그래, 지금은 참고 기다릴 때야.
재민이한테도 무언가 이유가 있겠지.

자기소개를 마치고 나서 그림책을 읽어 주었어.
추운 날, 동물들이 장갑 속에 모여들어서 함께 추위를 피하는 이야기야.
우리 아이들이 서로 사이좋게 지냈으면 해서 골랐어.
그림책을 읽으면서도 재민이 생각에 마음이 좀 어지러웠어.
첫날을 멋지게 보내고 싶었거든.
그래야 아이들이 다음 날 학교에 오는 게 즐거워질 테니까.
하지만 오늘은 이렇게 하루를 마쳤네.
아이들을 가르치다 보면 생각대로 안 되는 날도 있어.

나는 이런 어려운 일이 생기면 옆 반 강 선생님을 찾아가.
강 선생님은 오랫동안 아이들을 가르치셨거든.
그래서 학교 일, 아이들 일이라면 무엇이든 알고 있어.

아침 일찍부터 교문에서 재민이를 기다렸어.
재민이랑 손을 꼭 잡고 어제 일을 이야기하면서 교실까지 왔어.
재민이가 키우던 토끼가 얼마 전에 죽었대. 눈물이 날 것 같아서 말하기 싫었대.
나도 어릴 때 키우던 강아지 흰발이가 죽었을 때 참 많이 울었어.
"재민아, 네 마음을 말해 주어서 고마워."
좋은 선생님이 되려면 어릴 때 마음을 자주 떠올려야 하는 것 같아.
그래야 아이들을 잘 이해할 수 있지.

수학 시간이야. 쌓기 놀이를 하면서 도형과 입체를 공부할 거야.
그런데 갑자기 재민이가 손을 번쩍 들었어. 자기소개를 하고 싶대.
"나는 박재민이고, 토끼를 좋아해. 그렇지만 이제는 없어.
토끼가 죽었어. 나는 슬퍼서 밥도 먹기 싫고,
토끼 그림만 봐도 눈물이 났어."

점심 먹으러 가는 길이야.
밖에 나오면 나도 아이들처럼 기분이 좋아.
그런데 나는 아이들을 줄 세워 데리고 다니는 게 좀 힘들어.
나도 어릴 때는 줄 서는 게 싫고 귀찮았어.
그런데 선생이 되어 보니까 학생들이랑 다닐 때는
줄을 서야겠더라고. 누가 없어지지는 않는지,
뛰다가 넘어지지는 않는지 살펴봐야 하잖아.
아이들은 많은데 눈은 두 개밖에 없으니까
줄을 세워서 잘 지켜보려는 거야.

아, 강 선생님 좀 봐!
어쩌면 저렇게 줄을 잘 맞춰서
데려갈 수가 있지?
정말 부럽다!

아이들은 밥 먹으면서 떠드느라 아주 시끄럽지.
나는 밥 한술 먹고 아이들 살펴보고,
반찬 한입 먹고 아이들 타이르고 있어.
밥투정을 하거나, 밥 안 먹고 딴짓하는 녀석들을 살피고 가르쳐.
가끔은 조용한 곳에서 천천히 좀 먹었으면 좋겠어.
그래도 한 학기쯤 지나면 의젓하게 먹는 아이들이 많아져.
몸도 마음도 자란 거지.

밥을 먹고 나면 점심 나들이 시간이야. 오늘은 아영이 차례.
나는 하루에 한 명씩 아이들하고 짝꿍이 되어 학교 나들이를 해.
우리 반 아이들이 제법 많아서 따로 다정하게 이야기 나누기가 어려워.
그래서 점심시간에 단둘이 한가로운 시간을 보내는 거야.
우리 반 아이들은 점심 나들이를 은근히 기다려.
같이 벌레나 풀을 관찰하거나 집에서 있었던 일,
좋아하는 동무 이야기도 나눠. 가끔은 비밀 이야기도 하지.

수업 마치고 나서도 할 일이 많아.
가장 중요한 일은 내일 수업을 준비하는 거야.
어떻게 가르쳐야 더 쉽고 재미있을까 연구하지.

요렇게 접어 놓은 일기는 읽지 않기로 약속했지!

'국어 수업 연구 모임' 자료 좀 봐야겠다. 다른 선생님들은 어떻게 수업을 했나?

흠, 수진이는 같은 낱말을 자꾸 틀리는구나.

아, 출출하다. 옆 반 선생님한테 떡볶이 먹자고 해야겠다.

내일은 국어 시간에 동시를 공부할 거야.
노래처럼 읊어 보고 춤도 만들어 봐야지. 그림도 그리고.
아, 미술 준비물도 챙겨야겠구나!

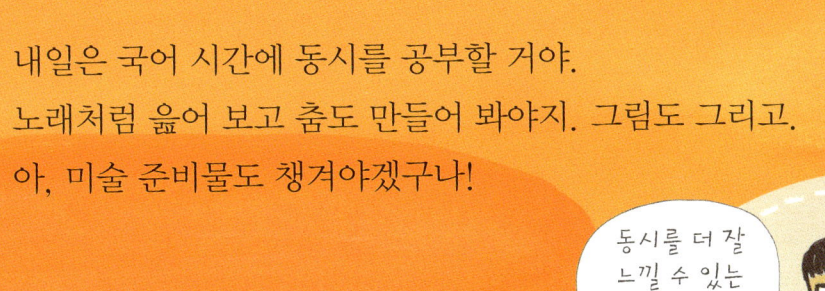

동시를 더 잘 느낄 수 있는 방법이 무얼까?

둥둥! 북을 치면서 시를 읽으면 어떨까?

냄새를 그릴 수 있을까? 모과를 으깨서 칠해 볼까?

오늘 국어 시간에는 '모과'라는 동시를 배울 거야.
동시를 읽으면 기쁨과 슬픔, 아름다움을 더 깊이 느낄 수 있어.
자기 마음을 솔직하게 말하는 것도 배울 수 있지.
나는 아이들이 시랑 친한 사람이 되었으면 좋겠어.
시랑 친하면 좋은 생각, 좋은 풍경들을 마음속에 잘 간직할 수 있지.
그러면 마음이 부드러워지고 튼튼해져.
자, 이제 수업을 시작하자.
"종이에 싼 것을 손에 들고 냄새를 맡아 봐. 무엇일까?"

모과
전병호

봉지에 담아도
모과 향기는 새어 나온다

모과를 꺼내도
모과 향기는
봉지 속에 남는다

나는 해마다 봄이 한창일 때, 아이들을 동네까지 바래다줘.
가은이네 골목에는 예쁜 자목련하고 명자나무가 있구나.
재민이네 집은 찻길에서 가까워서 조금 위험하더라.
연희네 집은 너무 멀어. 오다가 경재네 개도 구경하고
목련 잎 떨어진 것도 줍느라 조금씩 늦곤 했구나.
이렇게 데려다 주지 않았으면 몰랐을 거야.
어서 다시 학교로 가야지. 아직 할 일이 남았어.

4월 12일 목요일. 흐리다 갬.
☆ 자목련이 피었다. ☆

연희네 집은 무척 멀었다. 40분이나 걸어야 했다.
그것도 모르고 연희한테 지각하지 말라고
무서운 얼굴로 꾸짖고는 했다.
날마다 열심히 학교에 오는 연희가
정말 장하다. 칭찬해 주어야겠다.
학교에 오는 길 가는 길에 무엇을 보았는지
물어봐야지.

앗, 회의 시간 다 됐다. 오늘은 이 학년 선생님들만 모여.
선생님들은 가르치는 것 말고도 여러 일을 나누어 맡고 있어.
회의 시간에는 맡은 일을 점검하고, 학교 행사도 준비해.
나는 학교 도서관을 맡았지.
곧 운동회가 열린대. 운동회를 맡은 강 선생님은 참 바쁘시겠다.
행사가 많으면 회의도 자주 열려서, 좀 힘들어.
아이들 가르치는 데 더 집중하고 싶은데 말이야.

오월은 기분 좋은 달이야. 어린이날이 있잖아!
이날을 위해 나는 사월부터 준비해.
아이들 모습을 사진으로 찍어 두고, 꽃잎을 따서 말렸어.
제비꽃이나 꽃다지는 말려 두면 빛깔이 퍽 고와.
예쁜 종이에 편지를 쓰고 사진이랑 꽃도 붙일 거야.
그리고 아이들한테 "짠!" 선물할 거야.
아이들이 좋아하겠지? 사실은 말이야, 내가 더 기분 좋아.

곧 시험 기간이야. 시험이라는 말만 들어도 싫지?
나도 어렸을 때 똑같은 마음이었어.
선생이 되는 바람에 지금은 시험 문제를 내고 있구나.
그런데 일등부터 꼴등까지 등수를 매기는 건 중요하지 않아.
시험은 배운 것을 잘 익혔는지 알아보려고 치르는 거야.
그래야 선생님이 아이들을 어떻게 도울지 알 수 있어.
앞으로 시험이 더 즐거워지는 방법을 열심히 연구할게.

이런 시험은 어떨까?

아이들끼리 서로 문제를 내고 풀면서 공부하는 시험.

함께 연주하는 공연해 보기.
서로 잘 도왔는지, 얼마나 열심히 연습했는지 이야기해 보기.

모둠마다 춤을 만들어서 공연을 해 보고 멋진 모둠 뽑기.

시를 쓰고 그림 그린 것을 다 모아서 전시하기.

공부는 왜 할까? 깨닫고 배우기 위해서야.
세상과 사람, 자연과 사물들이 어떻게 이루어졌는지
배울 수 있어. 옛날부터 지금까지 사람들이
갈고닦은 지혜와 문화와 예술도 익힐 수 있지.
성실하게 공부할 줄 안다면, 더 나은 사람이 될 수 있고,
더 좋은 세상을 만들 수도 있어.
선생님이 되어 아이들을 깊이 이해하며 가르칠 수도 있고,
굶는 아이가 없도록 힘쓰는 사람이 될 수도 있어.
건강한 먹을거리를 만드는 농부가 될 수도 있지.
공부에는 그런 힘이 있어.

소리를 잘 듣고 쓴 글이야.

아름다움을 느낄 줄 아는 마음이 소중해.

나는 글쓰기 공부를 아주 중요하게 여겨.
재미없다고? 쓸거리만 찾을 줄 알면 아주 재미있어. 정말이야.
글은 가만히 앉아서 쓰는 것 같지만 그게 아니야.
놀러도 다니고, 관찰도 하고, 동무랑 이야기도 많이 나누어야
쓸거리가 생겨. 가만히 앉아서 게임만 하면 쓸 것이 없잖아.

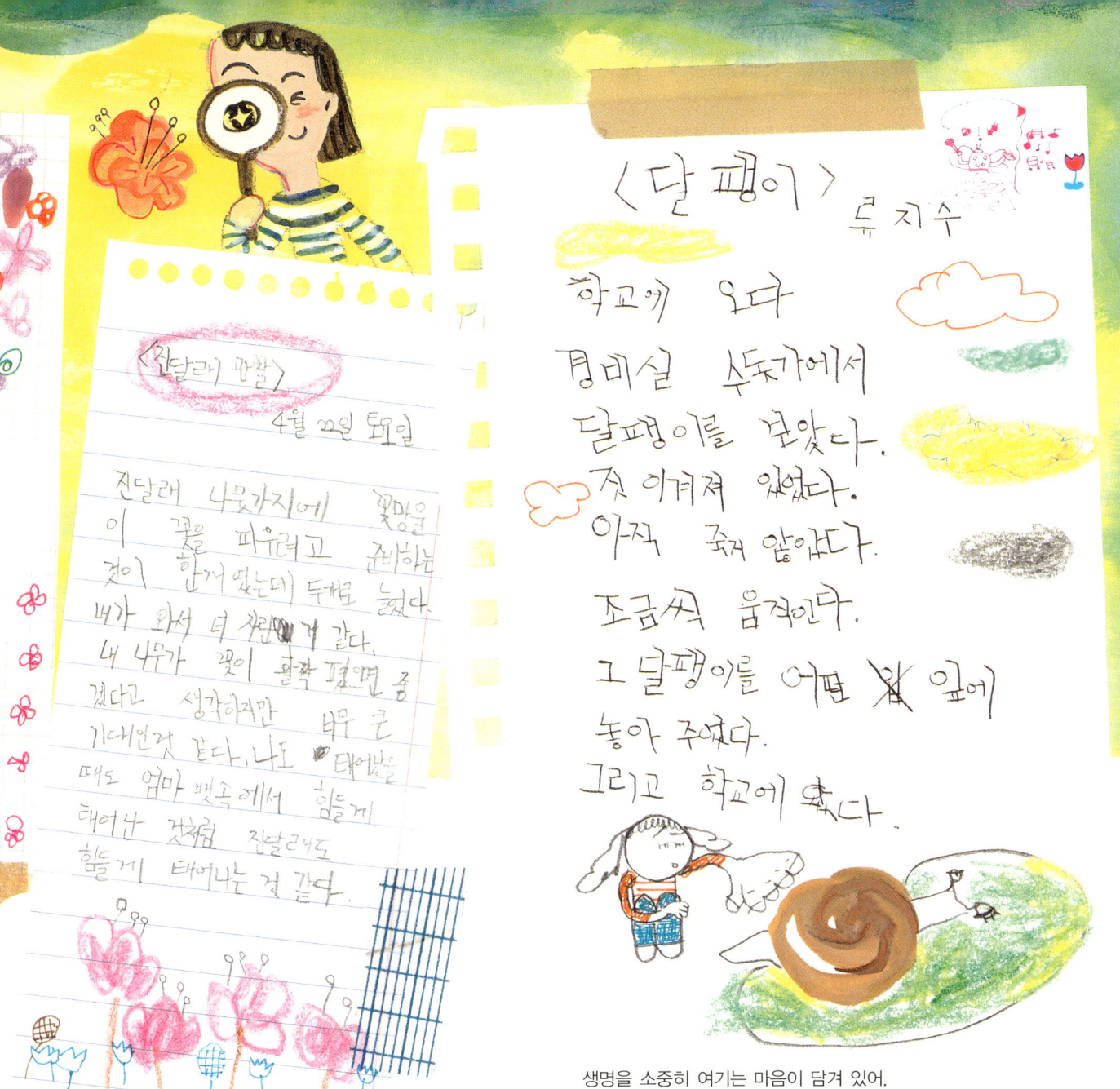

열심히 관찰하면서 깨달은 것을 썼어.

생명을 소중히 여기는 마음이 담겨 있어.

글을 쓰다 보면 답답한 마음이 시원해지기도 해.
지나간 일을 찬찬히 되짚어 보면서 생각하는 힘이 생겨.
지금껏 몰랐던 새로운 느낌과 생각을 얻기도 해.
나는 아이들이 쓴 글로 문집을 만들어서 학급 잔치 때 나누어 줘.

곧 방학이야. 이때가 되면 모두들 들떠. 하지만 나는 아주 바빠.
성적표도 만들고 방학 계획도 세워야 하거든.
그런데 아무리 바빠도 빠뜨릴 수 없는 게 있어. 바로 학급 잔치야.
노래도 하고, 악기 연주도 해. 그림 전시도 하고, 시도 읽지.
아이들은 요새 학급 잔치 이야기뿐이야. 연습도 열심히 했어.
우리 반 아이들 모두가 학급 잔치 주인공이야.

지금부터 학급 잔치를 시작하겠습니다!

신 나는 방학! 모두들 실컷 놀고 있을까? 방학 숙제도 잘하고 있겠지?
나는 우리 반 아이들에게 특별한 숙제를 더 냈어.
하나는 '나쁜 버릇 한 가지 고치기'야. 무얼 고칠지는 아이들 스스로 정했어.
지영이는 동생한테 욕하는 버릇을 고치겠대.
왜 욕을 했는지, 뭐라고 했는지 수첩에다가 쓰기로 했어.
또 하나는 '도서관 열 번 가기' 숙제야. 떡볶이 상품권이 걸려 있지.

방학이 되면 선생님은 맨날 놀아서 좋을 것 같지?
그렇지도 않아. 수업도 듣고, 숙제도 하고, 시험도 봐야 하는걸.
아이들을 잘 가르치려면 선생님도 공부를 해야 하거든.
이번 방학에는 수학하고 과학을 어떻게 하면 더 재미있게
가르칠지 배울 거야. 여행도 꼭 다녀와야지.

선생님 방학

덩실덩실 부채춤을 배워.

과학 실험도 연습해.

재미있게 가르치는 방법을 연구해.

책도 많이 읽지.

그림책을 읽고 토론도 해.

아이들이 보고 싶네!

"어서 와, 요 개구쟁이들아. 방학은 잘 보냈니?"
다시 새 학기가 되었어.
처음 만났을 때는 서먹서먹했지만,
한 학기를 지낸 다음에 만나니 무척 반가워.
아이들은 방학 이야기로 시끌시끌해.
이 학기를 마치고 삼 학년이 될 무렵에는 훌쩍 자라 있겠지.
우리 반 아이들이 '이 학년 삼 반이어서 참 즐거웠어.' 하고 생각했으면 좋겠어.

선생님이랑 학교 한 바퀴!

아이들과 선생님들은 많은 시간을 학교에서 보내.
책을 보며 공부하고, 즐겁게 노래도 부르고, 신 나게 그림도 그리지.
밥도 먹고, 산책도 해. 학교에는 이렇게 여러 가지 활동을
잘할 수 있게 시설을 갖춘 특별 교실들이 있어.
선생님과 함께 아이들을 돌봐 주시는 어른들도 있지.

도서관
책을 읽을 수도 있고,
빌릴 수도 있어.
사서 선생님이나
독서 담당 선생님이
갖가지 행사를
열기도 해.

교실

경비실
교문 옆에 있어. 손님들이
오면 경비 아저씨가 무슨 일로
왔는지 확인해.

운동장
체육 수업도 하고,
운동회도 해. 쉬는 시간이나
방과 후에 놀기도 하지.

영어 학습실
영어 공부를 하기
편리한 시설을 해
놓은 곳이야.

미술실
넓은 책상이랑 수도 시설이 있어서
미술 활동을 하기에 편리해.

교무실
선생님들이 일하는 곳이야. 여기에서 회의를 하고,
서류도 만들어. 수업 준비도 해.

돌봄 교실
부모님이 일터에서 늦게 돌아오는 아이들은 여기에서 숙제나 여러 가지 활동을 해.

강당
학예회나 졸업식, 입학식 같은 행사를 해. 119 소방대나 구청에서 온 분들이 교육을 할 때도 여기서 해.

급식실
점심을 먹는 곳이야. 영양사가 식단을 짜고 조리사가 음식을 만들어.

행정실
학교 살림을 맡은 곳이야. 학교에서 쓰는 돈이나 학교 시설을 관리해.

컴퓨터실
컴퓨터 수업을 해. 선생님이나 학부모님한테 컴퓨터 교육을 하기도 해.

과학실
갖가지 실험 도구가 많아. 과학 조교 선생님이 실험이나 관찰 공부 자료를 준비하고 정리해.

방송실
방송 조회를 여기에서 찍어. 행사할 때 쓰는 마이크와 스피커 시설도 여기 있어.

음악실
장구나 북, 전자 오르간 같은 악기들을 갖추고 있어.

보건실
아플 때 잠시 쉬는 곳이야. 다쳤을 때는 보건 선생님이 치료해 줘.

선생님의 일기장!

선생님도 일기를 써. 무엇을 어떻게 가르칠지 연구한 것들을 써서 모아 두지. 그리고 아이들에 관한 일기를 쓰기도 해. 한 아이에 관해서 꾸준히 쓰기도 하고, 그날그날 아이들하고 있었던 일이나 상담한 것도 쓰지. 쉽고 재미있게 가르치는 선생님, 아이들 마음을 잘 읽고 어루만지는 선생님이 되려고 쓰는 거야. 일기장은 선생님의 보물 1호!

2012년 4월 11일 수요일

교실에서 황세영과 상담했다.
세영이는 정리하는 습관이 부족하다. 책상, 가방, 사물함 속이 다 뒤죽박죽이다. 그래서 필요한 것을 제때에 꺼내어 쓸 수가 없다. 그리고 공부 시간에 내가 질문을 하면 답을 생각해 보지도 않고 무조건 손을 든다. 세영이를 시키면 그제서야 답을 생각하느라 쩔쩔맨다. 나는 이 두 가지를 세영이랑 이야기하고 함께 고쳐야겠다고 마음먹었다.
우리는 가방과 책상, 사물함을 함께 정리했다. 세영이는 조금 부끄러워했다. 버릴 것은 버리고, 물건들이 들어갈 자리를 마련했다. 물건 찾기 놀이도 했다. 내가 물건 이름을 부르면 세영이가 물건을 찾아 꺼내고 다시 제자리에 두는 놀이였다.
세영이가 "가방을 열어 보기 싫었는데 이제는 자꾸자꾸 열어 보고 싶어요." 하고 말했다. 머릿속도 그렇게 해 보자고 했다. 속으로 선생님 질문을 되뇌어 보고 대답도 생각한 다음 손을 들기로 했다. 연습도 했다.
"선생님은 세영이가 좋은 습관을 들이도록 노력할 거라고 믿어." 하고 말해 주었다. 꾸준히 지켜보아야겠다.

4번 권용민

3월 16일 양말이 젖도록 화장실 청소를 열심히 했다.
4월 3일 용민이가 드디어 사회 숙제를 해 왔다. 어제 오락실 가지 말고 숙제 꼭 하라고 부탁했지만, 정말로 해 올 줄은 몰랐다. 사회 시간에 용민이더러 숙제를 발표하라고 했다. 용민이는 부끄러워하면서 띄엄띄엄 이야기했다. 성진이가 많이 도와주었다고 했다.
4월 15일 용민이는 김치를 정말 좋아한다. 김치를 밥보다 더 많이 받아서 밥하고 비벼 먹는다.

2011. 6. 9. 목 《뱀딸기》

점심 먹고 학교 숲에서
피고 지는 꽃이나
열매를 보는 건 즐거운 일이다.
요즘은 뱀딸기가 한창이다.
아이들하고 점심 나들이 할 때마다
뱀딸기 밭에 가서 이름도 가르쳐 주고
어릴 때 일도 들려준다. '뱀' 얘기 나오니
아이들 눈이 반짝한다.

"이게 뱀딸기야."
"정말 뱀이 먹어요?"
"글쎄, 보지 못했지만 먹을 수도······."

작가의 말

선생님이 되길 정말 잘했어!

나는 날마다 수업 마치기 전에 책을 읽어 줘.
오늘 읽어 줄 책의 소제목을 칠판에 썼지.
오광명, 연애에 빠지다

　제목을 보자 아이들은 소리 지르고 야단이야. 좋아 죽겠다는 얼굴들.
이 작은 아이들도 연애 이야기는 그렇게 좋은가 봐. 이야기 시작은
털보 선생님이야. 오광명이 공부 시간에 짝 준이와 자꾸 노닥거리니까
털보 선생님은 둘이 연애하냐며 농담을 했어. 이때부터 아이들은 준이와
광명이를 눈여겨보게 되었지. 그러다 집에 가는 길에 둘이서 손을 꼭 잡고
가는 걸 발견했어. 이야기가 더 나아가자, 우리 반 아이들은 이야기에
맘을 홀딱 빼앗긴 듯했어. 벌써 수업 시간은 끝났지만 아이들은 자리를 뜰 줄
모르고 '조금만 더!'를 외쳤어. 할 수 없이 조금 더 읽었지. 광명이가
그토록 좋아하는 준이가 전학 가는 데까지 읽고 수업을 마쳤어.
아이들은 이야기가 끝나 가는 것을 아쉬워하면서 한숨도 쉬었어.
　이렇게 아이들이 눈을 빛내며 숨죽이고 이야기를 듣고 있으면 마음이
뿌듯해. 이제까지 이 눈빛 앞에서 부끄럽지 않은 선생님이 되려고 노력해 왔어.
손가락을 꼽아 보니, 벌써 삼십 년 가까이 아이들을 가르치고 있구나.
　초등학교에서 아이들을 가르치는 일은 정말 바쁘고 정신이 없어.
더운 여름날 국어 공부 마치자마자 얼른 체육복 갈아입고 운동장에서
체육 수업을 한 뒤, 허겁지겁 과학 실험 하러 갈 때에는 어지러울 정도야.
여러 과목을 잘 가르치려고 준비하는 일도 보통 일이 아니지.

가끔은 한 과목만 연구해서 가르치는 중학교 선생님이 부러울 때도 있어. 그렇지만 아이들에게 초등학교 선생님이 얼마나 중요한지 잘 알아. 공부만이 아니라 말 한마디에도 아이들은 쑥쑥 자라기도 하고 상처를 받기도 하니까. 아이들은 충분히 사랑을 받으면 마음이 튼튼해져. 어려움을 이겨 낼 힘을 갖게 되지. 나는 아이들을 날마다 만나는 사람이니까 늘 마음을 써야 해.

어떤 아이는 운동장에서 맨발로 놀아 본 경험을 잊지 못한다고 말했어. 어떤 아이는 함께 시를 읽고 춤추었던 것이 초등학교 때 가장 소중한 추억이래. 그런 이야기를 들으면 선생님이 되길 정말 잘했다는 생각이 들어.

이 책을 만들려고 글을 쓰는 일은 무척 재미있었어. 내가 오랫동안 해 온 일을 소개하자니 설레기도 했어. 하지만 학교에서 일어나는 수많은 일 가운데 책에 쓸 일을 추리는 일이 무척 어려웠어. 그래도 어린이들한테 선생님이 어떤 마음으로 일하는지, 무슨무슨 일을 하는지 알려 주고 싶었어. 그리고 좋은 선생님이 되는 꿈을 심어 주고 싶다는 생각도 했지. 그래서 열심히 쓰고 고치고 했어.

나는 내가 하는 일이 좋아. 아이들을 가르치다 보면 힘들 때도 있지만 행복할 때가 더 많아. 암, 훨씬 더 많지. 그 힘으로 이 일을 하고 있어.

글쓴이 강승숙

글 **강승숙**

어릴 적에는 과수원 길을 오가며 초등학교를 다녔습니다. 경인교육대학교에서 공부한 뒤
삼십 년 가까이 아이들을 가르치고 있습니다. 뭐든지 구경하기를 좋아합니다. 퇴근길에는 시장을 거쳐
헌옷 가게도 한번 둘러보고, 길가에 핀 풀꽃 앞에 쪼그리고 앉아 있거나 동물 병원에 있는
고양이 다솜이를 들여다보기도 합니다. 늦은 저녁 조용한 교실에서 아이들이 쓴 글을 읽거나
다음 날 읽어 줄 책을 고를 때가 참 좋습니다. 언젠가 그림책을 만들고 싶은 꿈이 있습니다.
그래서 그림일기를 열심히 씁니다. 그동안 쓴 책으로 『행복한 교실』『선생님, 우리 그림책 읽어요』가 있고,
여럿이 함께 쓴 책으로는 『그림책에서 찾은 책읽기의 즐거움』들이 있습니다.

그림 **신민재**

연필과 종이만 있으면 언제 어디서나 끄적이던 어린이였습니다. 홍익대학교와 같은 학교 대학원에서
회화와 시각 디자인을 공부하고, 광고 회사와 방송국에서 영상 작업을 하다가, 한국일러스트레이션학교에서
그림책을 공부했습니다. 지금은 후야, 쫑이와 함께 그림책에 푹 빠져 살고 있습니다.
『눈 다래끼 팔아요』『처음 가진 열쇠』『가을이네 장 담그기』『어미 개』『요란요란 푸른 아파트』
『나에게는 꿈이 있습니다』『둥글댕글 아빠표 주먹밥』들에 그림을 그렸습니다.
쪼글쪼글 할머니가 되어서도 오리고 붙이고 재미있는 작업을 하면서 어린이들에게
조곤조곤 그림 이야기를 해 주고 싶습니다.

도와주신 분 **인천 만석초등학교 선생님과 어린이 들**

일과 사람 08 초등학교 선생님

얘들아, 학교 가자!

2012년 5월 2일 1판 1쇄
2024년 1월 20일 1판 13쇄

ⓒ강승숙, 신민재, 곰곰 2012

글 : 강승숙 | 그림 : 신민재 | 기획·편집 : 곰곰_전미경, 심상진, 안지혜 | 디자인 : 강문정 | 편집관리 : 그림책팀 | 제작 : 박흥기
마케팅 : 이병규, 양현범, 이장열, 김지원 | 홍보 : 조민희 | 출력 : 한국커뮤니케이션 | 인쇄 : 코리아 피앤피 | 제책 : 책다움
펴낸이 : 강맑실 | 펴낸곳 : (주)사계절출판사 | 등록 : 제406-2003-034호
주소 : (우)10881 경기도 파주시 회동길 252
전화 : 031) 955-8588, 8558 | 전송 : 마케팅부 031) 955-8595 편집부 031) 955-8596
홈페이지 : www.sakyejul.net | 전자우편 : picturebook@sakyejul.com
블로그 : blog.naver.com/skjmail | 페이스북 : facebook.com/sakyejulpicture
트위터 : twitter.com/sakyejul | 인스타그램 : sakyejul_picturebook

값은 뒤표지에 적혀 있습니다. 잘못 만든 책은 구입하신 서점에서 바꾸어 드립니다.
사계절출판사는 성장의 의미를 생각합니다. 사계절출판사는 독자 여러분의 의견에 늘 귀 기울이고 있습니다.
이 책은 저작권법에 따라 보호받는 저작물이므로 무단전재와 복제를 금합니다.

ISBN 978-89-5828-613-4 74370 ISBN 978-89-5828-463-5 74370(세트)

까마쩌귀

양승찬

내 머리위를 ~~훌~~날아가는
까마귀
쉬이익 수우우히
바람을 ~~뚫~~뚫고 나가는소리
참나무 가지를 움켜잡고
고개돌려 마을을 보며
까유유룩 까유유룩
까유유룩